Fischland / Darß / Zingst

Fischland / Darß / Zingst

BERND SIEGMUND (Text)
THOMAS GRUNDNER (Fotos)

ÜBERSETZUNG INS ENGLISCHE
VON PATRICK PLANT

HINSTORFF

Titelbild: Ahrenshoop
Seite 2: Weststrand bei Sturmhochwasser
Rücktitel: Leuchtturm am Darßer Ort

Bibliographische Information Der Deutschen Bibliothek:
Die Deutsche Bibliothek verzeichnet diese Publikation in der Deutschen Nationalbibliographie; detaillierte bibliographische Daten sind im Internet über http//dnb.ddb.de abrufbar.

Lagerstraße 7, 18055 Rostock
Tel. 0381 / 49690
Internet: http://www.hinstorff.de

3., erweiterte Auflage 2017

Herstellung: Hinstorff Verlag GmbH
Lektorat: Thomas Gallien
Karte: Claudia Trost
Druck und Bindung: Westermann Druck Zwickau GmbH
Printed in Germany
ISBN 978-3-356-01078-6

Im Kreißsaal der Erde

Zuerst kommen die Frühjahrsstürme, dann die grauen Kraniche, dann die bleichen Touristen. In dieser Reihenfolge erwacht die Halbinselkette Fischland/Darß/Zingst aus dem Winterschlaf. Nur zögerlich bequemt sich Ende März/Anfang April die Sonne, das Land und das Meer zu wärmen. Unter ihren Strahlen fangen die Buschwindröschen an zu blühen, der Strandhafer und das Silbergras auf den Dünen schöpfen neue Kraft, in den Sumpfflächen am Bodden reckt sich die zartlilafarbene Wasserfeder. Voller Spannung gehen die Bewohner nachsehen, wie die Steilküste bei Ahrenshoop, der zerzauste Wald am Darßer Weststrand oder die Hohe Düne von Pramort auf Zingst den Winter überstanden haben. So ist es Brauch seit alters her.

An der Abbruchkante bei Ahrenshoop, dort, wo der Wald direkt ans Wasser reicht, sieht es aus, als hätte ein temperamentvolles Sturmtief tagelang zwischen den Buchen und Kiefern gewütet. Entwurzelte Holzriesen liegen kreuz und quer im Wasser, die toten Stämme sind blank gewetzt von der salzig nagenden See. Anklagend recken sie ihre verstümmelten Äste in den Himmel. Oben, am Rand der ausgefransten Steilküste, harren bereits die nächsten Kandidaten auf den Fall. Die Brandung hat ihre Wurzeln schon freigespült, es bedarf nur noch einiger Stürme, dann werden auch sie herabstürzen.

Nirgendwo kann man die irdische Schöpfungsgeschichte besser studieren als hier. Land wird geboren, Land wächst und vergeht! Um einen halben Meter nimmt das Steilufer jährlich ab, um einen halben Meter wächst der Darßer Ort. »Das war schon damals unser Schmerz«, schrieb die Heimatdichterin Käthe Miethe (eine geborene Brandenburgerin, die aus Liebe zum Fischland Fischländerin wurde) in ihrem 1947 erschienenen Buch über DAS FISCHLAND. »Sobald wir [...] wieder aus der Stadt auf das Fischland kamen, liefen wir mit klopfendem Herzen auf das Hohe Ufer, um nachzusehen, ob der breite rosa Findling, auf dem wir im letzten Jahr wie Robben in der Sonne gelegen hatten, noch aus der Brandung herausragte, und ob die goldgelbe Lehmnase, in deren Schatten unsere kleine Badebude gestanden hatte, inzwischen abgebrochen und nachgerutscht war.«

Wie im Zeitraffer kann man hier die Geburt von Neuland besichtigen. Das Wunder findet täglich statt. Bei Wind und Wetter hobeln Meer und Brandung die Kanten der Kliffküste zwischen Wustrow und Ahrenshoop glatt, das Wasser schluckt die Sandpartikelchen und transportiert sie mit der Strömung gen Norden. Immer die Küste entlang. Wie auf dem Fließband. An der Spitze der Halbinsel dann, am Darßer Ort, lagert die See das mitgeführte Material erleichtert ab. Häufelt es zu Inseln und Inselchen, lässt Sandhaken, Nehrungen und Sandbänke entstehen, salzliebende Pflanzen wie Meersenf, Salzkraut oder Gänsefuß setzen sich darauf, schlagen Wurzeln und befestigen das neue Land.

Vom Leuchtturm *Darßer Ort* lässt sich dieser Geburtsprozess gut beobachten. Wie ein Turm der Erkenntnis steht das alte Seezeichen im Kreißsaal der Erde. Aus 35 Metern

Seiten 6/7: Darßer Ort mit dem Leuchtturm

Höhe, nach exakt 127 Stufen einer engen, steilen Treppe, ach, was für ein herrlicher Blick, von ganz oben also ist das Wirken der Natur am besten zu sehen. Man staunt, mit welcher Akkuratesse das Meer die Sandteilchen heranschleppt, sortiert und ablagert. Nun ist klar, wie die einst so souveränen Inseln Fischland, Darß und Zingst zu einer Landbrücke zusammenwachsen konnten. Wahrscheinlich wäre auch Hiddensee längst mit Zingst verbunden, würden nicht Schwimmbagger in täglicher Kleinarbeit die Fahrrinne freihalten, um so den Schiffen die Zufahrt zum Hafen von Stralsund zu ermöglichen.

Seit dem März 1995 kann man den Leuchtturm Darßer Ort wieder besteigen. Nach gründlicher Restaurierung ragt der rote, massive Backsteinbau mit seiner gläsernen Kuppel weit über den Darßer Urwald hinaus. Schon 1817 hatten sich die Behörden entschlossen, an dieser Stelle ein Leuchtfeuer zu installieren. Die Meeresstraße zwischen dem Darßer Ort und der dänischen Hafenstadt Gedser war zu gefährlich für die Schiffe, Sandbänke und Felsriffe machten die Durchfahrt zu einem Vabanquespiel in der Dunkelheit. Trotzdem dauerte es bis 1845, ehe der preußische König Friedrich Wilhelm IV. die Genehmigung zum Bau gab. Drei Jahre später konnte der Turm in Betrieb gehen. Heute steht er unter Denkmalschutz und ist der älteste Schiffswegweiser an der Küste Mecklenburg-Vorpommerns.

Links und rechts des Leuchtzeichens stehen seltsam verkrüppelte Bäume, sie sehen wie zerzauste Gespenster aus.

Darß, Weststrand

Weststrand während eines Sturmhochwassers und danach

Das sind die so genannten Windflüchter. Permanent zerrt der Wind an ihnen, der meist aus Westen kommt. Standhaft wehren sich die Bäume, der unsichtbaren Gewalt zu widerstehen. Umsonst! Der Wind zwingt sie in gefährliche Schräglage und kämmt ihnen die Laub- oder Nadelkronen landeinwärts. Von Ferne sieht es so aus, als wären sonderbare Gestalten (wie einst Richard Kimble) auf der Flucht. Die Windflüchter sind zu einem Wahrzeichen der Landschaft geworden.

Eine andere Besonderheit stellen die Bodden dar, die kleinen, von der Ostsee abgeschnürten Binnenmeere. Ihre Ufer sind mit dichtem Schilf bewachsen, in das Moore und Salzwiesen eingestreut sind. Die Bodden bilden in ihrer Stille einen wunderbaren Kontrast zum sturmumbrausten großen Wasser. Durch sie hat man den Eindruck, als gehöre die Halbinsel mehr der See als dem Land, das sie hält. Als könne sie sich lösen, wann immer sie wolle, und einfach ins östliche Meer hinausschwimmen.

Das nur zwei bis drei Meter tiefe Boddenwasser ist schwach salzhaltig. Über vierzig Fischarten leben in ihm, darunter Barsch, Zander, Aal, Hecht, Blei und Karpfen. Die Boddenfischerei hat eine lange Tradition, früher war sie (neben Landwirtschaft und Seefahrt) der Haupterwerbszweig der Menschen.

Bodden heißt übrigens im Niederdeutschen Boden. Gemeint ist Wasser mit Bodenhaftung, ein flacher See. Anderswo nennt man solche Gewässer Lagunen.

Prerowstrom

In der Lagunenlandschaft Fischland/Darß/Zingst ist der Wind der eigentliche Herrscher. Wann immer er will, bläst er mit dicken Pustebacken das salzige Wasser der Ostsee in den Bodden hinein. Oder er treibt das Binnenwasser ins Meer hinaus, verwandelt die Lagune in eine weiße Wüste. Die meiste Zeit des Jahres allerdings ist hier alles an seinem Platz.

Schön ist es am Bodden. Reetgedeckte Fischerhäuser stehen wie hingetupft in der Landschaft, am Ufer ankern kleine, romantische Städtchen, sie heißen Barth und Wieck, Born und Bodstedt. Ganz leicht bewegt der Wind das Schilfrohr. Am Himmel hängen riesige, rauchig-weiße Wolken. Das Landschaftsbild unter ihnen erinnert an ein farbenfrohes holländisches Gemälde aus dem Mittelalter, durch das man mit sinnlichen Augen wandern kann.

Der Nationalpark mit dem seltsamen Namen Vorpommersche Boddenlandschaft ist eine Art moderner Arche Noah, in der viele Pflanzen und Tiere leben, die anderswo lange ausgerottet sind. Wer kennt beispielsweise noch die Natternzunge, die Grasnelke, das Wassersackmoos oder den Körner-Steinbrech? Wer den Ölkäfer, die Zebraspinne oder die einst berühmte Sandklaffmuschel, die »nicht ganz dicht« ist? Auch die Liste der Vogelarten ist lang: Schwarzspecht, Kampfläufer, Rotschenkel, Uferschwalbe, Rohrweihe, Austernfischer, Mittelsäger (zur Erinnerung, das ist der Vogel mit der Punkerfrisur). Eine besondere Attraktion sind die Seeadler, von denen es nur noch wenige Paare in Deutschland gibt. Für über 100 Vogelarten ist der Nationalpark das Zuhause, sie brüten, fressen, rasten, ruhen hier. Hinzu kom-

Am Bodstedter Bodden

Prerow, Hafen

men jährlich im Frühling und im Herbst liebe Gäste, rund 60 000 Kraniche schweben ein. Groß und grau. So viele, wie an keinem anderen Ort Europas. Noch ehe man die fliegenden Keile am Himmel sieht, kann man sie schon hören. Mit lauten Trompetenstößen kündigen die majestätischen Vögel ihr Kommen an. Hier in der Vorpommerschen Boddenlandschaft fressen sie sich mit etwa 250 Körnern pro Tag die Kraft an, die sie für ihren 2000 Kilometer lange Nonstop-Flug nach Spanien brauchen.

Um die Einzigartigkeit dieser vitalen Landschaft mit ihren Urwäldern, den Mooren und Erlenbrüchen, den Dünen, Salzgrasinseln, den Küstenheiden und Flachwassergebieten zu bewahren, hatte die erste, die einzige, die letzte demokratisch legitimierte DDR-Regierung, die unter Lothar de Maizière, in einem politischen Handstreich weite Teile der Ostsee zum Nationalpark erklärt. Zu einer 805 Quadratkilometer großen Tabuzone für Hotelerbauer, Immobilienhaie und Bodenspekulanten.

Seit dem 12. September 1990 stehen die Halbinseln Darß und Zingst, die Inseln Werder, Bock, Kirr und Hiddensee, Teile von Westrügen sowie 279 Quadratkilometer Bodden unter strengem Schutz.

Der Nationalpark selbst ist in zwei Zonen unterteilt. In der Kernzone, dem Herzstück dieses exklusiven Lebensraums, darf laut Gesetz die Natur sogar mit sich machen, was sie will. Jeder Eingriff ist dem Menschen strengstens untersagt! Hier hat der achte Schöpfungstag begonnen. Zumindest im Laborversuch gehorcht das Leben wieder Gesetzen, die in unserer Zivilisation schon erloschen schienen.

Das Fischland

Einen passenderen Namen als Fischland kann es nicht geben. Er regt die Fantasie an, erzählt von mutigen Seefahrern und fernen Ländern, von Sturm, Salzwasser, Urlaub und Kinderlachen.

Kurz hinter *Dierhagen*, jenem berühmten, aus fünf Ortsteilen bestehenden Seebad, das hohe Funktionäre eines untergegangenen deutschen Staates besonders liebten, wird aus der Straße ein gerader Strich, den auf der linken Seite mächtige Dünen säumen. Sie gehören zu den höchsten an der deutschen Ostseeküste. Auf der rechten Seite der 1929 erbauten Fischlandchaussee dehnt sich weit und flach das Land. Pferde und Kühe stehen hinter knorrigen Koppelzäunen, Schafe fressen sich auf saftigen Salzwiesen kugelrund. Eine gelbe Mauer aus Schilf markiert den Beginn des Saaler Boddens. Stumpf wie angelaufenes Silber blinkt das Wasser in der Sonne.

Vier Ortschaften siedeln auf dem Fischland: Wustrow, Barnstorf, Althagen und Niehagen. Die beiden zuletzt genannten Dörfer sind seit 1950 verwaltungstechnisch Teile von Ahrenshoop. Obwohl sie ganz klar auf Fischländer Territorium siedeln. Als Ausgleich dafür liegt das berühmte Seebad Ahrenshoop, das viele für die Seele des Fischlandes halten, außerhalb dieser »Hoheitszone«. Aber so ist das mit Grenzen. Niemand sieht wirklich durch. Kurz gesagt, zum historischen Fischland (übernehmen wir einfach die Defi-

Barnstorf, Kunstscheune

KUNSTSCHEUNE

nition von Käthe Miethe) gehört »nur der kleine Bereich zwischen den Wasserarmen des alten Wustrower Hafens und des Darßer Kanals. Es gehören weder die Ribnitzer Stadtwiesen dazu, auf denen sich dann das Ostseebad Ribnitz einrichtete, noch die Dörfer Dierhagen und Dändorf, auch nicht Ahrenshoop. Vor allem nicht Ahrenshoop ...«

Nun wissen wir es genau! Und können gar nichts falsch machen, wenn wir die Schönheit von *Barnstorf* beschreiben. Vier schöne, mehr als 300 Jahre alte Gehöfte verstecken sich in diesem Dorfnamen. An den markigen Wänden der niederdeutschen Hallenhäuser ranken sich wilde Rosen empor, Rittersporn, Malven und Dahlien stehen in urwüchsigen Gärten. Für Käthe Miethe waren diese ländlichen Gehöfte »die schönsten des Fischlandes«. In Hufe IV, einer ehemaligen Räucherei, in der einst der Bildhauer Johann Jaenichen sein Atelier hatte, residiert heute die »Kunstscheune Barnstorf«. Der bäuerliche Musentempel zeigt Plastiken, Skulpturen, Zeichnungen und Gemälde norddeutscher Künstler.

Das Zentrum der Halbinsel ist *Wustrow*. Die kleine Stadt schaut mit ihren 1400 Einwohnern auf eine interessante Vergangenheit zurück. 1235 erstmals urkundlich erwähnt, waren Wustrow und das seeumbrauste Fischland von 1328 bis 1586 im Besitz des St. Klaren-Klosters zu Ribnitz. Heinrich II., der Löwe, der 1302 die Regierungsgeschäfte in Mecklenburg übernahm, hatte es den Klarissen geschenkt. Allerdings vollzog der Herzog diese gute Tat nicht aus freien Stücken, nein, der »untadlige Landesherr« hatte sich zuvor schnöde an kirchlichem Gut vergriffen. Nun traf ihn des Bischofs heiliger Zorn. Anfangs zeigte sich Heinrich nicht sonderlich beeindruckt von dem ächtenden Bann, dann aber, eines Nachts, er war gerade eingeschlafen, besuchte ihn ein fürchterlicher Traum. Ihm erschien »ein gräßlich gruwesam Gesicht«, dessen hohle Augen die Kühle eines tiefen Grabes hatten. Schon riss das Ungeheuer das Maul auf, um den Herzog zu fressen, da öffnete sich eine Wolke und ein Engel glitt herab. Der geflügelte Himmelsarbeiter trug in der rechten Hand ein flammend Schwert und in der linken hielt er des Herzogs Herz samt Seele. »Ich bin gekommen«, so rief er mit reiner Stimme, »dich aus den Klauen des Teufels zu befreien.« Er packte Heinrich am Kragen und trug ihn hinauf ins Himmelreich. Entsetzt wachte »der Löwe« auf und befahl seinen leibeigenen Näherinnen, ihm den Alptraum als ständige Warnung in Gold und Silber auf die Wamstasche zu sticken. Dann stiftete er den Jungfrauen des St. Klaren-Ordens das Kloster. Und schenkte ihnen das Fischland gleich dazu. Mit Mann und Maus!

Neun Äbtissinnen, darunter sechs stolze mecklenburgische Herzogstöchter, standen in der Folge der Abtei vor. Die letzte Mutter Oberin, Ursula von Mecklenburg, unternahm noch im gesegneten Alter von 67 Jahren eine große Winterreise, um die Kirche in Wustrow »zu visitiren«. Dort angekommen, hat sie »5 nacht gelegen mit dem Volke«. Wahrscheinlich hätte sie diese Reise nie unternommen, wäre Wustrow ein »Kuhkaff« gewesen. Das Gegenteil war der Fall. Dort befand sich das geistige Zentrum des Fischlandes. Nur deshalb findet man in alten Urkunden den ehrfürchtigen Na-

Wustrow, Seebrücke

men »Karkendorf« oder »Kirchdorf«. Noch heute geht eine gewisse Inspiration von Wustrow aus, der man sich schlecht entziehen kann.

Vorausgesetzt, man mag kleine, verschlafene Städtchen, die nicht wirklich verschlafen sind, dann fällt es einem nicht schwer sich vorzustellen, in Wustrow zu leben. Die Gemeinde zwischen Meer und Bodden hat einige ungewöhnliche Dinge zu bieten. Dazu gehören beispielsweise die Klöntüren, deren obere Hälfte man bei Bedarf öffnen kann, um in gemütlicher Runde ein Schwätzchen zu führen. Angesichts unserer heutigen Kommunikationsmöglichkeiten hat diese Einrichtung etwas rührend Altmodisches. Schöne Vorstellung, mit dem Nachbarn an der Pforte zu stehen und freundschaftlich in den Tag hinein zu klönen. Doch halt! Das eben Beschriebene ist ja nur die Variante für harmoniesüchtige Mitbürger. Ebenso gut kann man sich bellende alte Männer denken, die empört die Klönklappe zuschlagen, weil ihnen ein missliebiges Wort in die Quere kam. Möglicherweise entstand hier sogar die Redensart »Mach endlich deine Klappe zu!«

Die geschwätzigen Türen sind übrigens Teil der Büdnerhäuser in der Neuen Straße. Die altertümlichen Fassadengesichter dieser ehemaligen Tagelöhner-Quartiere werden von den Bewohnern liebevoll gepflegt. Mit ihren herabgezogenen, reetgedeckten »Kröpelwalmdächern« sehen die Katen aus, als hätten sie sich eine Mütze tief ins Gesicht geschoben, um die gleißenden Sonnenstrahlen abzuwehren.

Wustrow, Hafen und Kirche

Wustrow, Neue Straße

39

Das hervorragendste Bauwerk der gemütlichen Bilderbuch-Stadt ist (zumindest, was die Höhe anbelangt) die Kirche. Weit blickt sie ins Land. Der neugotische Backsteinbau, der von 1869 bis 1873 auf den Grundmauern einer alten Feldsteinkirche errichtet wurde, steht auf einem kleinen Hügel am Hafen. Der Sage nach wurde dieser zu unchristlicher Zeit vom Wendengott Swantewit in nur einer Nacht aufgeschüttet, um einen slawischen Tempel zu tragen. Die Kultstätte bewahrte in ihrem Allerheiligsten das Bildnis Swantewits. Nicht einmal dem Oberpriester war es gestattet, in das Heiligtum einzutreten, da er als Sterblicher die vierköpfige Gottheit entweiht hätte. Angeblich trug Swantewit ein Füllhorn mit Met bei sich, um die Seelen der Menschen durch den himmlischen Honigwein zu laben, sollte am Ende der Welt die Sonne sterben. Leider gibt es für Swantewits Existenz keinen einzigen Beweis. Weder hat man sein Füllhorn gefunden noch Spuren von Met. Bewiesen ist lediglich, dass Slawen die ersten Fischland-Siedler waren. Viele Jahrhunderte trug das Eiland den wendischen Namen Swante-Wustrowe, die »Heilige Insel«.

So ist von der Vergangenheit nur der Stadtname Wustrow geblieben. Und eine alte Sage. Und die rätselhafte Tatsache, dass bis heute niemand weiß, woher das Erdreich stammt, mit dem der Kirchhügel einst aufgeschüttet wurde. Weit und breit hat man kein vergleichbares Material gefunden.

Der mächtige Turm der Kirche trägt in 18 Metern Höhe eine offene, umlaufende Galerie. Sie entstand auf Anregung des Großherzogs Friedrich Franz II. von Mecklenburg. Majestät meinte, an der frischen Luft würde es den Lehrern der »Großherzoglichen Navigationsschule« besser gelingen, ihren Schülern die »Kunst der Ortsbestimmung« einzubläuen. Auf jeden Fall hat man von hier oben die beste Sicht auf die Dinge. Selbst *Ribnitz-Damgarten* hinter dem Bodden liegt zum Greifen nah. In den Mauern dieser schönen Stadt wohnen nicht nur 17 200 echte Menschen aus Fleisch und Blut, sondern auch 13 berühmte hölzerne Damen: die Madonnen von Ribnitz. Es ist immer wieder ein Vergnügen, sich von ihnen verzaubern zu lassen. Die Älteste ist die Heilige Klara. Sie wurde um 1330 in einer Lübecker Werkstatt aus einem Stück Eichenholz geschnitzt. Die schlichte Ordenstracht steht ihr gut. Die dreizehn Holzplastiken aus dem 14. und 15. Jahrhundert wohnen im ehemaligen Nonnenchor, dem heutigen Chorsaal der Klosterkirche zu Ribnitz. Sie sind unterschiedlich groß, ihre Körper bestehen aus Eiche oder Buche, das Holz ist bemalt. Sechs der Statuen sind Mariendarstellungen, die einmal Teil verloren gegangener Altäre waren. Sieben Figuren leben schon lange hier im Hause, sie gehörten zur sakralen Ausstattung des ehemaligen St.-Klaren-Klosters. Geschnitzt hat die Figuren ... ja, wer eigentlich? Wer waren die namenlosen Meister, deren Kunstfertigkeit wir noch heute bewundern? Waren es begabte örtliche Handwerker oder Bildschnitzer, die von Stadt zu Stadt zogen? Konnten sie die Figuren nach eigenem Gusto gestalten oder »befahl« ihnen der Geldgeber

Blick vom Turm der Wustrower Kirche
über den Saaler Bodden

die Einhaltung der römisch-katholischen Madonnennorm: Körperhaltung – demütig; Blick – engelsgleich; Gesichtsausdruck – fromm? Wer das Geld hat, hat das Sagen. Das war schon immer so. Daran können auch geschnitzte Jungfrauen nichts ändern.

Gegen die Vermutung spricht allerdings die Tatsache, dass die Madonnen von großer künstlerischer Qualität sind. Beseelt und ausdrucksvoll stehen sie vor uns. Und freuen sich über jeden, der sie besuchen kommt. Es passiert ja sonst nicht mehr viel in ihrem Leben. Die Damen empfangen im Sommer täglich von 10 bis 18 Uhr. Im Winterhalbjahr haben sie montags frei. Aber das ist ja ganz verständlich angesichts ihres hohen Alters. Übrigens schön zu wissen, dass es ihnen gut geht. Auch die Betreuung durch Restauratoren lässt nichts zu wünschen übrig. Das einzige, was die Madonnen ärgert, ist das Gefühl, ein wenig in Vergessenheit geraten zu sein. Eifersüchtig beäugen sie jeden, der nicht sie, sondern das Bernsteinmuseum besucht. Es befindet sich gleichfalls in der Klosterkirche und besitzt eine Sammlung von tertiären Harzen, die in Qualität und Quantität einmalig in Deutschland ist. Anscheinend ist das nahe Meer ein zuverlässiger Lieferant.

Die Bernsteinhochburg Ribnitz gilt als Tor zu den halben Inseln Fischland, Darß und Zingst. Die Stadt hinter dem Bodden war früher der gutbürgerliche Zivilisationsmittelpunkt der Fischländer. In Ribnitz besuchte man mit den Kindern den Herbstmarkt, hier fand der Ferkelmarkt statt und im Rathaus tagte das Amtsgerichts. Auch wenn man neue Schuhe brauchte, einen Konfirmations-Anzug oder ein festliches Kleid, »drüben auf dem Festland« bekam man alles. Ribnitz war für die Fischländer »die große Welt«. Unsere Kronzeugin Käthe Miethe kannte sogar noch einen Grund, der die Stadt zum Ziel vieler Sehnsüchte machte. Dort gab es »für die Fischländer Seeleute und ihre Angehörigen einen Bäcker, der im Winter« seinen Gästen »eine besonders beliebte Übernachtung« bot: Er »legte in die Betten zum Aufwärmen weißgescheuerte Bretter, die im heißen Backofen aufbewahrt worden waren«.

Nun ist klar, warum so viele Fischländer Seeleute mit heißem Herzen die Weltmeere befuhren. Nicht ohne Grund sprach man im 18. Jahrhundert voller Anerkennung von den »wetterfesten Kapitänen vom Fischland«. Ihre Lust an der Arbeit, ihr Mut und ihr nautisches Können waren sprichwörtlich. Noch heute stehen in der Linden- und Parkstraße von Wustrow prächtige alte Kapitänshäuser und erinnern an die Zeit, die wir gern »die gute alte« nennen.

Wer sich die vornehmen Fassaden der Häuser genauer anguckt, wird eine Merkwürdigkeit entdecken. Die Kapitänshäuser haben »an einer oder auch an beiden Giebelwänden ein eirundes Fenster, das dem Bullauge auf Schiffen gleicht«, schrieb Käthe Miethe. Leider gelang es ihr nicht, in Erfahrung zu bringen, was es mit diesem Guckloch auf sich hat, an dem der Besitzer des Hauses so manche Stunde des Tages gedankenverloren stand. Niemand, selbst die eigene Ehefrau nicht, wusste zu sagen, was der Herr Kapitän da im Bullauge sah.

Vielleicht war ja die magische Öffnung eine Art Fernsehloch, durch das der Seemann in die eigene Vergangenheit blickte. In eine Zeit, in der das Fischland noch als eine Insel existierte, die dick und rund im Mündungsdelta der Recknitz lag und sich zu beiden Seiten vom Fluss umspülen ließ. Südlich von Wustrow (in der Bucht von Permin) und nördlich von Althagen, genau da, wo heute Ahrenshoop beginnt, ergoss sich die Recknitz schließlich in die baltische See.

Im 14. Jahrhundert entstanden an diesen Meeresöffnungen kleine Häfen, von denen aus die Ribnitzer »Bauernschiffer« ihre Ernte nach Lübeck brachten. Klipphäfen nannte man diese Verladeplätze, die weder ein Privileg besaßen noch zu einer Stadt gehörten. Obwohl für den großen Handel bedeutungslos, weckten sie den Argwohn der etablierten Hansestädte.

Einige Jahre lang beobachteten Rostock, Stralsund und Lübeck, was da auf dem Fischland geschah. Schließlich wurde ihnen das Treiben zu bunt. 1395 schickten sie zwei stattliche Koggen, zerstörten den Ankerplatz in Ahrenshoop und schütteten die Meerestür zu. Um 1400 wurde der Klipphafen bei Wustrow von der Landkarte getilgt. Beschuldigt, dem berüchtigten Piraten Klaus Störtebeker Unterschlupf gewährt zu haben, versenkten die Stralsunder alte Schuten im Flussarm und schlossen so ein für allemal den Zugang zum offenen Meer. Damit war der Traum von »der Seestadt Ribnitz« ausgeträumt. Diese Tatsache änderte allerdings nichts an der Liebe der Fischländer zum Meer. Die Sehnsucht nach der großen weiten Welt lag ihnen im Blut. Unter Segeln wollten sie ferne Länder erkunden, wissen, was in China und Indien geschah.

Anfangs fuhren die mutigen Fischländer »nur« die Küste entlang, transportierten in kleinen Nussschalen Holz nach Stralsund, Korn nach Wismar und Heringe nach Lübeck. Bald wurden sie verwegener, bei Wind und Wetter ging es über die offene See. Ihre Schiffe brachten Getreide nach Holland, holten spanisches Salz und skandinavisches Erz, bunkerten Holz an der Newa und in Norwegen Lebertran. Um 1750 wurde die erste Werft in Wustrow gegründet und bald schon kamen weitere Schiffbauer hinzu. Obwohl das Fischland keinen eigenen Hafen besaß, waren Anfang des 19. Jahrhunderts über hundert Schiffe und mehr als vierhundert Kapitäne und Steuerleute in Wustrow registriert. Die Zahl des seegängigen Personals überstieg sogar das der Bauern. Die Kapitäne, reich geworden auf großer Fahrt, gaben nun den Ton in der Gesellschaft an. Von oben guckten sie auf die Steuerleute herab. Die wiederum sahen auf die Matrosen nieder. Und die, nun ja, die hatten nur noch die Bauern unter sich. Wer von Ackerbau und Viehzucht leben musste, war der Ärmste unter den armen Schluckern. Mitte des 19. Jahrhunderts war die Seefahrt auf dem Fischland so dominant, dass die Mecklenburger nur noch von den »Seedörfern« sprachen, wenn sie Wustrow, Althagen, Niehagen und Barnstorf meinten.

Selbst die seemännische Ausbildung nahmen die Fischländer in die eigene Hand. Der Althagener Schulmeister Cyrus war der erste, der »nachts mit seinem Teleskop nach den Sternen schaute und am Tage in zäher Arbeit die Geheimnisse der Triangulation in die Köpfe der blonden Dorfjugend hämmerte«. So manch ruhmreicher Seebär a.D. schloss sich der Bildungsinitiative an. Aus diesen freiwilligen Kursen entstand im November 1846 die berühmte »Großherzogliche Navigationsschule zu Wustrow«. – Alles war für die Zukunft gerichtet! Und alles hätte ewig so weitergehen können. Wenn da nicht, ja, wenn da nicht eines schönen Tages ein Schiff mit einem dicken Schornstein am Horizont aufgetaucht wäre, der fürchterlich qualmte und stank. – Zehn Jahre später war die große Zeit der Windjammer vorbei. Und damit die Epoche der Fischländer Schifffahrt!

Auf dem Friedhof in der Wustrower Osterstraße, da, wo auch Käthe Miethe ihre letzte Ruhestätte gefunden hat, erinnern noch einige Kreuze und Seemannsgräber an die große Zeit. Überlebt hatte die »goldenen Jahre« eigentlich nur die »Großherzogliche Navigationsschule«. Bis 1992 existierte sie. Dann wurde auch diese maritime Ausbildungsstätte geschlossen. Man benötigt die mutigen Kapitäne vom Fischland nicht mehr. Gefragt ist heutzutage eine andere Form von Unternehmertum. Die eines Hoteliers oder Zimmervermieters.

Der Darß

An der Dorfstraße in *Ahrenshoop*, da, wo sie auf den Strandweg trifft, steht ein altes, seltsames Haus. Es wurde 1929 erbaut, hat einen Holzturm, der wie ein Chapeau claque auf dem Flachbau sitzt, ist rot-weiß angestrichen und wurde anfangs von der Bevölkerung nur Gasanstalt oder Hungerturm genannt. »Bunte Stube« heißt das außergewöhnliche Gebäude und ist eine erfolgreiche Kultureinrichtung, in der man neben Gedichten, Romanen, Bildbänden und Krimis auch Keramik, Briefpapier, Postkarten und Mückenseife kaufen kann. Die »Bunte Stube«, einst von dem Bauhaus-Architekten Walter Butzeck entworfen, ist heute das Wahrzeichen von Ahrenshoop. Und zwar eines, das von November bis März in den Winterschlaf fällt. Zumindest teilweise. Ein kleiner Raum hat auch in der kalten Jahreszeit geöffnet. Doch was soll's, in Ahrenshoop ist in diesen Monaten sowieso kaum etwas los. Spätestens mit dem ersten Frost, der sich (rein statistisch gesehen) zum 11. November einstellt, verlassen die meisten Urlauber den Ort. Und spätestens am 8. April, an dem Tag, an dem es (rein statistisch gesehen) den letzten Frost in Ahrenshoop gibt, sind sie wieder da. Und mit ihnen kommt der Frühling, beginnt die Natur zu blühen.

»Entdeckt« hat das verträumte Fischerdorf auf dem Darß der Oldenburger Maler Paul Müller-Kaempff (1861–1941). Es war Liebe auf dem ersten Blick. Während einer Wanderung im Spätsommer 1889 am Hohen Ufer stießen er und sein Freund, der Tiermaler Oskar Frenzel, per Zufall »auf dieses Bild des Friedens und der Einsamkeit. Kein Mensch war zu sehen, die altersgrauen Rohrdächer, die grauen Weiden und grauen Dünen gaben dem ganzen Bilde einen Zug tiefsten Ernstes und vollkommener Unberührtheit. [...] Hinter dem Dorf auf dem Schifferberge blickte der Kirchhof mit weißen und schwarzen Holzgittern und Kreuzen herüber,

Ahrenshoop, Bunte Stube

Buntestube
Ostseebad
AHRENSHOOP
STRAND-
ÜBERGANG
11

überwuchert von goldgelb blühendem Habichtskraute. Stieg man weiter hinauf auf die sogenannte Schwedenschanze, so sah man in die Einsamkeit hinaus. Nirgends ein Haus: Dünen, Wald und See, in der Ferne die dunkle Linie des Darß. Die Dünen gekrönt von uralten Weißdornbäumen, Stechpalmen und wilden Rosen.«

»Ein Leben lang« war Paul Müller-Kaempff auf der Suche nach »seiner Landschaft« gewesen, nun hatte er sie gefunden. Meer, Wasser, Wald und Wind. Und ein ganz besonderes Licht. Eifrig begann er zu malen. Schon bald bemerkte er bei sich ein neues Farbverständnis, auch sein Sinn für Kontraste wurde geschärft. 1892 siedelte der Maler, der an der Berliner Akademie der Künste Meisterschüler des Norwegers Hans Frederick Gude gewesen war, ganz nach Ahrenshoop über. In der Dorfstraße 18 baute er sich ein Haus nebst Atelier. Freunde kamen zu Besuch, schwärmten vom einfachen Dorfleben, lobten die Einsamkeit, die unberührte Natur.

Und es kam, wie es kommen musste, die Insel der Glückseligen sprach sich herum. Immer mehr Malerinnen und Maler zog es nach Ahrenshoop. Max Pechstein, Erich Heckel, Fritz Koch-Gotha, Elisabeth von Eicken, die Grafikerin und Malerin Anna Gerresheim – schnell wurde aus dem Fischerdorf eine Künstlerkolonie.

Um sich sein Leben leisten zu können, gründete Müller-Kaempff 1894 eine Malschule. Da weibliche Wesen an den Kunstakademien des Kaiserreiches nicht gelitten waren, stieß sein Angebot auf reges Interesse in der feinen Damenwelt. Es dauerte nicht lange, da folgten die Kollegen seinem Beispiel. 1902 gab es im Fischerdorf Ahrenshoop 16 Maler, 16 Malschulen und zwei Dutzend Fischer. In den Kunststudios wurden interessierte, wohlhabende Damen und Herren in die Geheimnisse der Malerei eingeweiht. Hinter jeder Dorfecke stand bald ein Kunstliebhaber, bewaffnet mit Pinsel und Farbe. Besonders die »Malweiber« wurden zu einer regelrechten Landplage, meinten zumindest die Fischer. Besser gesagt: deren Frauen. Der Plakatkünstler Edmund Edel karikierte diese weibliche Spezies als »gallina pictor communis Ahrenshoopiensis«, als Gemeines Ahrenshooper Malhuhn. Und obwohl die Gattung längst ausgestorben ist, leben auch heute noch viele Kunsthandwerker/innen und Maler/innen in Ahrenshoop. Ihre Bilder und Skulpturen kann man unter anderem im »Kunstkaten« bewundern, dem dörflichen Ausstellungspavillon, den Müller-Kaempff gemeinsam mit dem Maler Theobald Schorn 1909 zu genau diesem Zwecke hat errichten lassen.

Ein Wort zur Kirche, sie ist der Rede wert. Wie ein kieloben liegendes Boot ankert Gottes Domizil im Grünen. Das Innere des Holzhauses wurde von Doris Oberländer gestaltet. Kanzel und Altarwand sind aus einer Pappel »geschnitzt«. Errichtet wurde der erste Kirchenneubau Mecklenburg-Vorpommerns nach dem Zweiten Weltkrieg 1951. Entworfen hat das Haus der damals noch junge Architekt Hardt-Walter Hämer. Die drei im Altarraum hängenden Fischländer Schiffsmodelle spendete Kapitän Heinrich Voß. Sie verkörpern Liebe, Glaube, Hoffnung.

Ahrenshoop, Kunstkaten

Kunstkaten

Ahrenshoop, Dornenhaus

Ahrenshoop, beim Neuen Kunsthaus

Steilküste zwischen Wustrow und Ahrenshoop

Ganz anders die 1726/28 erbaute Barockkirche zu *Prerow*. Sie ist die älteste auf dem Darß. Ursprünglich als Fachwerkbau errichtet, zeigt sich die »Seemannskirche« heute in rotem Backstein. Der Glockenturm aus dunklem, verwittertem Holz ist außen angesetzt. Die Kirche diente in früherer Zeit nicht nur Gott, sondern auch den Schiffern als Seezeichen, wies ihnen den Weg in die Prerow, in jenen Fluss, der die Inseln Darß und Zingst trennte sowie den Bodstedter Bodden mit der Ostsee verband. 1874, zwei Jahre nach der großen Sturmflut, die noch heute in der Erinnerung der Einheimischen lebt, wurde die Flussmündung beim Bau eines Deiches zugeschüttet. Seither endet der Prerowstrom als schilfumstandene Sackgasse im Ort.

Abends, wenn sich der helle Tag ins Dunkel der Nacht verzieht, gehen in der Kirche die Kerzen an. Ihr warmes, flackerndes Licht spielt mit den schönen Votivschiffen, die mit weißen Segeln von der Decke hängen. Jedes einzelne der kunstvoll gearbeiteten Modelle hat seine Geschichte, erzählt von verzweifelten, verlorenen, geretteten Männern in tosender See. In der Stunde ihrer höchsten Not hatten sie Gott angerufen, und der Herr hatte ihr Flehen erhört. Zu den schönsten Schiffen in der Kirche zählt die Dreimastfregatte »Peter Kräft« aus dem Jahre 1780. Sie stammt von einem Kapitän aus Prerow. Blanke Armut war es gewesen, die die Prerower, ursprünglich Bauern, Anfang des 18. Jahrhunderts hinaus aufs Meer getrieben hat. Heringsfang und Fischräucherei sorgten für einen guten Nebenverdienst.

Prerow, Kirche

Prerow, Buchenstraße 26

Schneider
TEE

Prerow

Dann kam die große Zeit der Windjammer, die Segelschifffahrt blühte gewaltig auf und brachte einen beachtlichen Wohlstand. Auf dem Höhepunkt der Entwicklung gab es immerhin 106 Kapitäne in dem kleinen Ort an der Prerow, die alle das Patent für »große Fahrt« besaßen. Damals entstanden viele der Fischer- und Kapitänshäuser, die man heute noch in der Grünen Straße, in der Hagen-, Hülsen- oder Buchenstraße bewundern kann.

Die aufgehende Sonne und der Tulpenstrauß sind typische Motive der alten Handwerkskunst. Zwar hält sich hartnäckig die Legende, früher hätten sich die Fahrensleute ihre langen Reisen mit dem Schnitzen von Türen verkürzt, aber das ist Seemannsgarn. Bestenfalls Schiffszimmerleute wären dazu in der Lage gewesen. Alle Originaltüren stehen heute auf Fischland/Darß/Zingst unter Denkmalschutz. Auch die Tür des Prerower Kapitänshauses Buchenstraße 26. Dieser zweiflügelige Hauseingang stammt aus dem Jahre 1834. Er ist besonders schön mit seinem roten Anker, der kräftig-gelben Sonne, den stilisierten Lebensbäumen und den üppigen Schmuckleisten. Die Originale von einst sind in der Regel rotbraun oder dunkelgrün. So wurden früher die Schiffe angestrichen. Was von der Farbe übrig blieb, kam auf die Tür. Badegäste jedenfalls fanden zu allen Zeiten Gefallen an den lebensfrohen Schnitzereien.

Das Hauptvergnügen in Prerow aber ist zweifellos der Strand. Die kleine Stadt, die gleichsam aus dem dicken Darßer Wald herauswächst, hat zwei davon! Den fünf Kilometer langen, schönen, zivilisierten Nordstrand, und den wilden, urigen Weststrand. Ihn kann man nur per pedes oder per Rad erreichen. Dazu muss man allerdings durch den von Mücken so heiß geliebten Darßer Wald. Durch ein Traumdickicht aus drei Meter großen, gespenstischen Farnen, uralten Kiefern, Erlenbrüchen und Buchen. Lange, bevor man das Meer erreicht, hört man bereits die Brandung. Steht man dann am Steilufer, sieht man einen Strand, auf dem alles so ist, wie es von Natur aus sein sollte. Die Welt im Rohzustand. Immer wieder stößt man auf natürliche Barrieren, die sich aus Treibholz, Algen, Muscheln und Tang gebildet haben. Der Sand ist so fein, dass man ihn früher durch die Eieruhren laufen ließ. Das weiße Sandband, das sich, mal schmaler, mal breiter, bis nach Ahrenshoop hinzieht, kennt weder Sonnenschirme noch Trinkhallen, weder Souvenirstände, Strandkörbe noch Rettungstürme. Die Küste ist eine aus Wind und Wasser geborene Urlandschaft. Ein Refugium für Nacktbader und naturverliebte Eigenbrötler. Was für ein Vergnügen, sich in den Sand fallen zu lassen, die salzige Luft auf der nackten Haut zu spüren und dem »lieblichen« Gekreisch der Möwen zu lauschen.

Während sich Prerow über jährlich rund 60 000 fröhlich lärmende Sommergäste freut, überraschen die kleinen Städtchen Born und Wieck mit vornehmer Stille. *Born*, am Südzipfel des Darßer Waldes gelegen, soll in grauer Vorzeit aus einem fürstlich-pommerschen Jagdhof entstanden sein. Hier, in dem kleinen Ort am Bodden, findet jedes Jahr

Darß, Dünen am Weststrand

Seiten 42/43: Wustrow, Strand

Seiten 44/45: Darßer Wald

Pferdefuhrwerke und Fahrräder – typische Fortbewegungsarten im Darßer Wald

am ersten Augustwochenende das traditionelle »Tonnenabschlagen« statt. Das Heimatfest erinnert an die letzte Tonne Hering, die den Schweden, die von 1646 bis 1815 den Darß besetzt hielten, als Tribut gezahlt werden musste. Gesucht wird der Tonnenkönig vom Darß.

In aller Frühe beginnt das Fest. Unter den Klängen der Blaskapelle ziehen die Tonnenbrüder hoch zu Ross zum Kampfplatz. Eine mit Blumen geschmückte Tonne wird zwischen die Masten gehievt, und auf geht's mit Gebrüll. Vom Pferd herab versuchen die Teilnehmer, die Tonne zu zerschlagen. Derjenige, der das letzte Stückchen Holz abschlägt, ist der Held des Tages: Tonnenkönig! Zu den wirklich großen Königen dieses heimatlichen Brauches aber zählt, wer auch das abendliche Fest gut übersteht. Und das gelingt den wenigstens.

Von Born nach *Wieck* am Bodstedter Bodden ist es nicht weit, zu Fuß benötigt man eine gute Stunde. Der vor einigen Jahren angelegte Bliesenrader Weg führt, von Birken gesäumt, immer dicht am Bodden entlang. Die Stille und Abgeschiedenheit ihres Ortes machten sich die Bürger zunutze, als es die Grenze zwischen dem preußischen Pommern und dem mecklenburgischen Fischland noch gab. Um es frei heraus zu sagen: Das Dorf blickt auf ein ehrliches Leben als Schmugglernest zurück. Allerdings liegt diese erfolgreiche klammheimliche Tätigkeit schon sehr lange zurück, mit dem

Darß, Weststrand

Born, »Tonnenabschlagen«

3

Born

Dierhagen, Hafen

Zeesboot auf dem Saaler Bodden

Barnstorf am Saaler Bodden

WERFT RAMMIN BARTH

Zeesbootregatta in Bodstedt

Zeesboote in Althagen

Beitritt Mecklenburgs zum Deutschen Zollverein (1868) endete das unverzollte Vergnügen.

Heute heißt das Zauberwort Tourismus. De Fischer un sine Fru wohnen, ganz anders als im Märchen, nicht mehr in einer armen Hütte, sondern in einem hübschen reetgedeckten Häuschen am See. Mindestens ein Zimmer ist reserviert für die Sommergäste. Für die Berliner und Münchener, die Wiener und Heidelberger, für all diejenigen Menschen, die in die Einsamkeit kommen, um zu baden, zu reiten, zu wandern, zu segeln, zu angeln (um das zu tun, müssen Urlaubsmenschen in Wieck nicht einmal Latein können) oder einfach nur, um die Seele baumeln zu lassen. Darüber hinaus wird ihnen am ersten Septemberwochenende ein maritimes Spektakel höchster Güte geboten, die Zeesbootregatta. Dann gleiten vierzig oder fünfzig dieser alten Arbeitsboote mit ihren rotbraunen Segeln wieder malerisch über den See.

Viele Jahrhunderte lang bestimmten diese mächtigen, dickbauchigen Zweimaster das Bild auf dem Bodden. Vom Frühling bis in den Herbst hinein bemühten sich die Fischer mit der Zeese, einem über den Grund geschleppten Netzsack, Fische zu fangen. Eines schönen Tages aber brauchte man die fleißigen Boote nicht mehr. Schnöde wurden sie in Rente geschickt. Und da wären sie heute noch, hätten nicht junge Liebhaber Gefallen an den »alten Zeesen« gefunden. Mit großer Leidenschaft machten sie sich daran, die geschundenen Schiffskörper »aufzupäppeln«, sie fachgerecht zu restaurieren. Das ist der Grund, warum es auch in der Gegenwart noch Zeesenboote auf dem Bodden gibt. So, als wäre die Zeit stehen geblieben.

Der Zingst

Im Nachhinein erinnerten sich alle daran, dass schon den ganzen Oktober über das Wetter ungewöhnlich stürmisch gewesen war. Aber niemand hatte diesem Umstand besondere Bedeutung beigemessen, es war eben Herbst! Anfang November flaute der Sturm kurz ab, dann wurde er wieder stärker. Es blitzte, donnerte und goss wie aus Kannen. Im wolkenverhangenen Morgenlicht sah die Ostsee giftig grün aus, und die Wellen trugen ungesunde Schaumkronen. Am 11. November 1872 erreichte der Sturm Windstärke neun, überraschend drehte er nun auf West und trieb das Salzwasser vor sich her nach Osten. Durch dieses Manöver entstand in der westlichen Ostsee eine Art Ebbe, die das Wasser der Nordsee geradezu magisch anzog. Das baltische Meer glich einer Badewanne, die überzulaufen drohte.

In der Nacht vom 12. zum 13. November erreichte der Orkan seinen Höhepunkt. Und alle Deiche brachen! Eine gewaltige Flutwelle trieb auf die südliche Ostseeküste zu, nichts konnte die Wassermassen aufhalten. Häuser wurden weggerissen, Bäume entwurzelt, binnen Minuten ertrank das Dörfchen Sundische Wiese, von der Lübecker Bucht bis nach Usedom war die Küste ein einziges Trümmerfeld. Auch die Stadt *Zingst* wurde nicht verschont. Das Wasser schoss durch die Straßen, füllte die Häuser, jagte die Bewohner aufs Dach und zu guter Letzt griff sich eine große graue Welle das hölzerne, handbemalte Kinderbettchen der sechs Monate alten Mary Ewert. Sie hob die Schlafstatt samt Baby empor und spülte sie fort in die bitterkalte, finstere Nacht. Am nächsten Morgen, als das Wasser zurückgegangen war, machten sich die verzweifelten Eltern und einige Zingster auf den Weg, das kleine Mädchen zu suchen. Und das Wunder geschah! Man fand die süße Mary am Freesenbruch, rund einen Kilometer westlich von Zingst. Sie lag in ihrem Bettchen, schrie wie am Spieß und fühlte sich ansonsten pudelwohl. – Heute steht das Kinderbett (neben anderen interessanten Relikten aus der Vergangenheit) im Heimatmuseum Zingst in der Strandstraße 19 und erzählt die Geschichte jener schrecklichen, glücklichen Nacht.

Die Halbinsel Zingst (slawisch »Heu«), von den Einheimischen vertraut »der Zingst« genannt, war lange Zeit ein menschenleerer Flecken, der erst Ende des 13. Jahrhunderts durch Mönche des Zisterzienserklosters Neuenkamp besiedelt wurde. Die frommen Männer hatten dem Fürsten Witzlaff II. von Rügen 2000 Mark für das Inselchen gezahlt. Nun warben sie Siedler an, gründeten eine Ortschaft namens Müggenburg – mehr geschah eigentlich nicht. Auch die nächsten Jahrhunderte verliefen ohne nennenswerte Ereignisse, wenn man einmal von den »alltäglichen« Flutkatastrophen absieht. 1625 verschlang eine riesige Wasserwand sogar sämtliche Häuser des Dörfchens Straminke. Da grenzt es an ein Wunder, dass im 16. Jahrhundert immerhin schon mehr als 500 Menschen auf der Insel wohnten. Leider unterbrach der Dreißigjährige Krieg diese positive Entwicklung. Schwedische Söldner zogen brandschatzend durch die Inselwelt. Die heute so friedlichen Schweden waren es auch, die sich das Pommernland im Westfälischen Frieden von 1648 unter »den Nagel rissen«. Kaum gehörte ihnen der Zingst, da ließen sie den neuen Besitz auch schon vermessen, um Steuern von »Schwedisch-Pommern« einzutreiben. Irgendwie erinnert dieser Eifer in fiskalischen Fragen fatal an unsere heutige Zeit …

Die Stadt Zingst entstand relativ spät, 1830 wurde sie durch den Zusammenschluss zweier Dörfer geboren. Die Orte Pahlen im Westen und Hanshagen im Norden gingen eine territoriale Ehe ein. Das ist auch der Grund, warum Zingst flächenmäßig mit so breiter Brust daherkommt, den Landrücken zwischen der offenen See und dem Zingster Strom ordentlich ausfüllt. Wirtschaftlich gesehen sorgte auch in Zingst die Segelschifffahrt für einen erklecklichen Wohlstand, doch leider waren um 1870 die fetten Jahre vorbei. Und jeder fragte sich: Was tun? Schließlich gründeten einige Bürger, unter ihnen der Kapitän Nehmzow und der Navigationslehrer Mehl, ein »Bade-Comité«, um »Luftsnappers« aus ganz Deutschland nach Zingst zu locken. 1881 entstand auf diese Initiative hin ein durch rund 1000 Meter Ostseestrand voneinander getrenntes Damen- und Herrenbad, es gab ein Warmbad, ein Strandrestaurant – und 41 Fremde im ersten Jahr. 1885 kamen 365, 1900 zählte man bereits 1430 Besucher, und als 1910 die Darßbahn von Barth über Zingst nach Prerow eröffnet wurde, war aus dem Ostseebad Zingst eine konstante Größe in den Urlaubsplanungen der Berliner geworden.

Heute lebt Zingst mit seinen schönen Stränden vom Tourismus. Und sollten die Gäste wirklich einmal die Nase voll haben von Sonne und Strand, dann können sie durch die Klosterstraße, die Bummelmeile von Zingst, flanieren. Oder in der Strandstraße »schaufensterln« gehen. Sie können aber

Zingst, Strand

Zingst, Hafen

Seiten 62/63: Kraniche bei Pramort

auch die neogotische Peter-Paul-Kirche bewundern, die 1860/62 nach Plänen des Schinkelschülers Friedrich August Stüler errichtet wurde. Der zugehörige Glockenturm befindet sich übrigens auf dem angrenzenden Friedhof.

Auf ihm liegt in einem schlichten Grab die Schriftstellerin Martha Müller-Grählert (1876–1939). In dem Gedicht MINE HEIMAT, ihrem bekanntesten Werk, erzählt sie ihren Lesern vom Fischland, vom Darß und vom Zingst. Jeder kennt das Opus, zumindest seine erste Strophe. Sie lautet so: »Wo die Ostseewellen trecken an den Strand, / Wo de geele Ginster bleuht in'n Dünensand, / Wo de Möwen schriegen grell in't Stormgebrus, / Da is mine Heimat, da bün ick to Hus.« Dieses schöne Gedicht wurde zuerst in München veröffentlicht. Dann druckte ein Züricher Verlag die Strophen. Schließlich geriet das Werk in die Hände des Thüringer Komponisten Simon Krannig, der es mit einer hitverdächtigen Melodie versah. In diesem Kleid ging MINE HEIMAT auf Reisen.

Irgendwann, der genaue Zeitpunkt ist heute nicht mehr zu ermitteln, geschah mit dem Lied etwas Seltsames: Auf geheimnisvolle Art wurden aus den Ostseewellen Nordseewellen. Unter falscher Flagge segelte das Musikstück nun erfolgreich durch die Welt. Wie üblich erfuhr die Dichterin als letzte, dass man ihr wichtige Worte gestohlen und sie um ihre Heimat Fischland/Darß/Zingst gebracht hatte. Empört bemühte sie die Gerichte. Viele Jahre lang musste Martha Müller-Grählert prozessieren, um aus den Nordseewellen wieder Ostseewellen zu machen. Schließlich setzte sich die Gerechtigkeit durch. Seit diesem Sieg wissen die Wellen ein für allemal, wo sie hingehören!

Zingst, Blaues Haus

Mit und ohne Motorkraft auf dem Prerow-Strom: Mississippi-Dampfer …

... und Segelschiff

Summary

The double town of Ribnitz-Damgarten, the home of a unique collection of Madonnas from the 14th and 15th centuries, is the gateway to the Fischland-Darß-Zingst peninsula.

This narrow tongue of land, 55 kilometres in length, stretches along the Baltic like a barrier and separates the open sea from the calm waters of the Bodden (a Low-German word for a lagoon or sea inlet). A single main road traverses the distinctive landscape of the peninsula.

In order to preserve the uniqueness of this beautiful stretch of countryside, with its primaeval forest, bogs, alder marshes, dunes, arrow-grass islands, coastal heathland and expanses of shallow water, the last GDR government under Lothar de Maizière declared a large part of the Baltic coastal region a National Park. Since 12 September 1990 Darß (Darss), Zingst and the islands of Werder, Bock, Kirr and Hiddensee, parts of west Rügen and 279 square kilometres of Bodden have been under a strict protection regime. The National Park is divided into two zones. In Core Zone I, the heartland of this biotope, any human intervention is forbidden by law.

Even today one of the great attractions of this landscape lies in the opportunity it offers to observe how the sea washes away and builds up the land. Another special feature are the various Bodden: lagoons almost cut off from the open sea, their banks fringed with thick reed beds. The weakly saline waters of the Bodden are only two to three metres deep and rich in fish. Even today, both local people and tourists can still enjoy the sight of the historic Zeesenboote (drag-net fishing boats), with their brown sails, as they glide across the water. Originally they were specially built for fishing in shallow waters but today they are lovingly cared for by owners who offer boat trips around the Bodden.

The Fischland is the most westerly part of the peninsula, with only a handful of villages. The only larger settlement is Wustrow, which can look back on a long seafaring tradition in the days of sail. In its commercial heyday more sea captains and helmsmen than farmers lived in Wustrow. Until 1400 the Fischland was an island in the mouth of the river Recknitz but then the channels connecting Baltic and Bodden were blocked up by the Hanseatic towns of Rostock and Stralsund. The island thus became part of a peninsula. The Fischland had once been settled by Slavs, who called the island Swante-Wustrowe, »Holy Island«. A Slavic place of worship is said to have been situated on the site now occupied by Wustrow church.

The Darß forms the middle section of the present peninsula. Kilometres of sandy beaches lie on the far side of 6,000 hectares of almost inaccessible forest. The main village here is Prerow, with 1,800 inhabitants. Like Wustrow, this seaside resort can look back on a long seafaring tradition. Prerow has many old, well-preserved, carved and brightly painted front doors with typical Darß motifs. Of

Darß, Weststrand

particular interest is the seafarers' church dating from 1728. It is the oldest church on the Darß. The lighthouse (1848) at Darßer Ort can only be reached by bicycle or on foot. The West Beach remains just as nature has created it. Along the whole German Baltic coast there are no other beaches which have been so exclusively formed by the forces of nature. While Prerow welcomes over 60,000 seaside holidaymakers every year the villages of Born an Wieck are by comparison quiet and off the beaten track. Every year Born organizes a public festival called »Breaking the Barrel«.

The best-known place on the whole peninsula is probably Ahrenshoop, a fishing village, seaside resort and artists' colony all rolled into one. The German painter Paul Müller-Kaempf discovered the potential of Ahrenshoop in 1889.

Zingst is the final, easternmost, section of the peninsula. For many centuries it was completely uninhabited and was first settled by Cistercian monks in the year 1296. The main settlement, the Baltic sea resort, is also called Zingst and came into being as the result of the amalgamation of the villages of Pahlen and Hanshagen. When, around 1870, the great windjammer era came to an end for Zingst, too, its inhabitants decided to try their luck as a seaside resort. From small beginnings in 1881, Zingst has become one of the biggest and most attractive German Baltic resorts and with its beautiful beaches now makes its living from tourism. The regional writer Martha Müller-Grählert found her final resting place in the graveyard of the church of St Peter and St Paul in Zingst. She is the author of the poem MINE HEIMAT, at least the first verse of which most Germans know: »Wo die Ostseewellen trecken an den Strand...« (»Where Baltic waves roll towards the shore...«). Set to music, the poem found its way all round the world.

List of photographs

NATIONALPARK VORPOMMERSCHE BODDENLANDSCHAFT
OSTSEE
DARSSER ORT
BERNSTEIN - INSEL
PREROW
ZINGST
Müggenburg
GROSSER WERDER
BOCK
WESTSTRAND
DARSS
WIECK
GROSSE KIRR
ZINGST
SUNDISCHE WIESE
Pramort
GROSSE WIEK
AUE
OIE
Bresewitz
BODSTEDTER BODDEN
BARTHER BODDEN
GRABOW
BORN
KOPPELSTROM
AHRENSHOOP
ALTHAGEN
Bodstedt
Planitz
BARTH
NIEHAGEN
WUSTROW
BARNSTORF
SAALER BODDEN
FISCHLAND
BARTHE
STRALSUND
Saal
DIERHAGEN STRAND
DIERHAGEN DORF
Löbnitz
105/E22
NEUHAUS
DIERHAGEN
Dändorf
VELGAST
GRAAL - MÜRITZ
MÜRITZ
DAMGARTEN
RIBNITZER SEE
194
Klockenhagen
GRAAL
RIBNITZ
RIBNITZ - DAMGARTEN
RECKNITZ
Altheide
ROSTOCKER HEIDE
Gelbensande
WARNEMÜNDE
Rövershagen
ROSTOCK
A19
Legende
0
2,5
5
7,5
10 km
Ortschaft
Bundesstraße
wichtige Land- oder Ortsstraße
Eisenbahn mit Bahnhof
Nationalparkgrenze
Wald
See/Fluß
Moor